BOEKANALYSE

AF143860

De Vreemdeling

· · · · · · · · · · · · · ·

ALBERT CAMUS

BOEKANALYSE

Geschreven door Pierre Weber
Vertaald door Nikki Claes

De Vreemdeling

ALBERT CAMUS

ALBERT CAMUS

- **Geboren in Mondovi (Algerije) in 1913**
- **Overleden in Villeblevin in 1960**
- **Opmerkelijke werken:**
  - *L'étranger (De Vreemdeling)* (1942), roman
  - *Le Mythe de Sisyphe (De mythe van Sisyphus)* (1942), essay
  - *La Peste (De Pest)* (1947), roman

De in Algerije geboren Franse schrijver Albert Camus (1913-1960) was een Nobelprijswinnaar en een van de belangrijkste schrijvers van de 20e eeuw. Hij was een zeer geëngageerd intellectueel, filosoof, journalist, toneelschrijver en romanschrijver en zijn beschouwingen over het absurde, die hij op genuanceerde, gevoelige en menselijke wijze verwoordde, hadden een grote invloed op zijn tijdgenoten.

Camus werd alom bewonderd, ondanks incidentele kritiek en zijn romans *La Peste* (1947) en vooral *L'étranger* (1942) zijn over de hele wereld invloedrijk gebleken. Hij stierf vroegtijdig na een auto-ongeluk in 1960.

L'ÉTRANGER (DE VREEMDELING)

EEN ONGEWONE ROMAN

- **Genre:** absurde roman
- **Referentie-uitgave:** Camus, A. (2013). *L'étranger*. Trans. Smith, S. Londen: Penguin.
- **1e editie:** 1942
- **Thema's:** het absurde, sensualiteit, de zon, opstand, rechtvaardigheid, onrechtvaardigheid

L'étranger is de eerste roman van Camus en werd gepubliceerd in 1942. Het vertelt het verhaal van Meursault, een zwijgzame jongeman die zozeer het absurde belichaamt dat hij een vreemde lijkt te zijn in zijn eigen bestaan. Hij wordt ter dood veroordeeld voor de moord op een Arabier en het feit dat hij niet huilde tijdens de begrafenis van zijn moeder wordt hem tijdens het proces tegengeworpen. De roman, die is geschreven in de eerste persoon in een zeer orale stijl, is in veel opzichten ongebruikelijk en is vernietigend in zijn kritiek op sociale conventies.

L'étranger is een van de meest gelezen en bestudeerde boeken van de 20e eeuw, zowel in Frankrijk als in de rest van de wereld.

SAMENVATTING

DE DOOD VAN ZIJN MOEDER

De verteller Meursault verneemt de dood van zijn moeder met schijnbare onverschilligheid. Hij neemt een dag vrij van zijn werk in Algiers om naar het bejaardentehuis te gaan waar zij woonde. Daar zit hij 's nachts bij haar lichaam, in gezelschap van de andere bewoners van het tehuis en houdt de verveling op afstand met koffie en sigaretten.

De volgende dag vergezelt hij de begrafenisstoet die onder een brandende zon door het Algerijnse platteland kronkelt. Hij blijft gedurende de hele begrafenis emotieloos en is opgelucht als hij teruggaat naar Algiers ("Ik wist dat ik snel naar bed kon gaan en twaalf uur kon slapen", p. 19). Dit schijnbare gebrek aan empathie is een vroege indicatie van Meursaults vervreemding van de maatschappij en haar conventies.

HET LEVEN GAAT DOOR

De dag na de begrafenis beseft Meursault dat het een zaterdag is. Hij besluit te gaan zwemmen op het strand, waar hij zijn vroegere collega Marie ontmoet. Ze brengen de dag samen door, gaan 's avonds naar de bioscoop en overnachten in het appartement van Meursault. Op zondag ontmoet Marie haar familie, terwijl Meursault de tijd doodt door op zijn balkon sigaretten te roken en naar de voorbijgangers op de straat beneden te kijken. Op maandag gaat Meursault weer aan het werk en vervalt in zijn oude routine. Als hij 's avonds thuiskomt, kruist hij het pad van zijn buurman Salamano, die zijn hond uitlaat. De twee vormen een vreemd duo en Salamano berispt en slaat de zieke oude hond vaak. Meursaults andere buurman, Raymond, van wie gezegd wordt dat hij een pooier is maar die beweert een winkelier te zijn, nodigt hem uit voor een etentje en de twee mannen kunnen het goed met elkaar vinden. Raymond vraagt Meursaults advies over een relatieprobleem dat hij heeft en laat hem een brief schrijven aan zijn minnares, van wie hij denkt dat ze hem bedrogen heeft: de brief moet "haar hard raken, maar tegelijkertijd dingen zeggen die haar spijt doen krijgen" (p. 34). De mannen gaan uit elkaar als goede vrienden.

De rest van de week verloopt zoals gewoonlijk. Op zaterdag ontmoet Meursault Marie en net als de week ervoor gaan ze samen zwemmen en de nacht doorbrengen. Op zondagochtend is er een woordenwisseling in het appartement van Raymond: hij slaat zijn minnares. De bewoners van het gebouw verzamelen zich op de overloop en een politieagent verbreekt het gevecht. Meursault en Marie gaan terug naar zijn appartement en lunchen. Nadat Marie is vertrokken, komt Raymond Meursault opzoeken en vraagt hem te helpen door valse bewijzen te geven. Meursault stemt toe en ze gaan wandelen, waarbij Raymond Meursault overlaadt met aandacht. Op de terugweg komen ze Salamano tegen, die zijn hond kwijt is en ontroostbaar lijkt.

Er gaat weer een week voorbij. Raymond nodigt Meursault uit om de zondag door te brengen in het huisje van een vriend en hij accepteert. Ondertussen vraagt Marie hem of hij met haar wil trouwen, maar Meursault lijkt onverschillig te staan tegenover het idee ("Ik zei dat het voor mij allemaal hetzelfde was en dat we konden trouwen als zij dat wilde", p. 45).

EEN LEVENSVERANDERENDE ONTMOETING

Op zondagochtend vertrekken Marie, Meursault en Raymond naar de hut van Raymond's vriend. Raymond wijst op een groep Arabieren die hem al een paar dagen volgen, vermoedelijk omdat een van hen de broer van zijn maîtresse is. Wanneer ze bij de hut aankomen, ontmoeten ze Raymond's vriend Masson en zijn vrouw. Ze eten samen lunch, waarna de drie mannen een wandeling maken langs de waterkant. Ze komen de Arabieren tegen en er ontstaat een handgemeen waarbij Raymond gewond raakt. De drie mannen keren terug naar de hut om zijn verwondingen te behandelen. Daarna gaat hij terug naar de waterkant en Meursault volgt hem. Ze stoppen bij een kleine bron waar de twee Arabieren hun toevlucht hebben gezocht. Raymond overhandigt zijn revolver aan Meursault, maar de vier mannen bekijken elkaar in stilte. De Arabieren lopen uiteindelijk weg.

Raymond en Meursault keren terug naar de hut. Op het laatste moment bedenkt Meursault zich en draait zich om, zonder te beseffen dat dit zijn ondergang zal zijn. Hij keert terug naar de bron, waar hij de Arabier vindt die Raymond verwondde. De drukkende hitte van de zon en de verblindende schittering van het mes van de Arabier zetten Meursault ertoe aan het vuur te openen en vijf keer te schieten.

SCHULDIG

Meursault wordt gearresteerd en zijn proces begint. Zijn advocaat vertelt hem dat zijn ogenschijnlijke onverschilligheid op de begrafenis van zijn moeder tegen hem kan werken, maar Meursault houdt voet bij stuk. De rechter ondervraagt hem uitvoerig en probeert hem tot wroeging te bewegen door een kruisbeeld in zijn gezicht te zwaaien, maar Meursault blijft onbewogen en zegt dat hij niet in God gelooft.

Het onderzoek duurt 11 maanden. Meursault beschrijft zijn leefomstandigheden in de gevangenis tijdens het onderzoek, zijn eerste en enige bezoek van Marie, in een overvolle kamer en zijn strategie om de tijd te verdrijven met het ophalen van zijn herinneringen ("Ik realiseerde me toen dat een man die maar één dag had geleefd, gemakkelijk honderd jaar in de gevangenis kon leven", blz. 83). Het proces begint en een reeks getuigen treedt op. Meursault wordt bekritiseerd omdat hij geen verdriet heeft getoond op de begrafenis van zijn moeder en omdat hij de volgende dag al een romantische relatie begint. Ook zijn vriendschap met Raymond doet hem tekort. Hij wordt afgeschilderd als een koelbloedige moordenaar ("Ik beschuldig deze man ervan zijn moeder te hebben begraven met de harteloosheid van een misdadiger", p. 101).

De aanklager houdt een overtuigende slotrede waarin hij betoogt dat de moord met voorbedachten rade was en vraagt om de doodstraf. De advocaat van Meursault gebruikt daarentegen zwakke, niet overtuigende argumenten. De juryleden trekken zich terug, waarna de rechter aankondigt Meursault ter dood te veroordelen. Meursault kwijnt weg in zijn cel in afwachting van zijn executie. Hij krijgt bezoek van een kapelaan die hem probeert te overtuigen zich in zijn uur van nood tot God te wenden voor troost. Meursault weigert en verliest zijn geduld. Hij roept dat ons hele bestaan absurd is en dat er geen leven is na de dood.

De roman eindigt met het bevrijdende besef van Meursault dat we in een fundamenteel onverschillige wereld leven ("Ik stelde me voor het eerst open voor de tedere onverschilligheid van de wereld", p. 129), waardoor hij zin kan vinden in zijn eigen leven. Hij wacht zijn executie af – die misschien wel nooit zal plaatsvinden, want er is een goede kans dat hem gratie wordt verleend of dat zijn beroep succesvol zal zijn – in de hoop dat deze door veel mensen zal worden gadegeslagen, die "hem met haatkreten zullen begroeten" (*ibid.*).

KARAKTERSTUDIE

MEURSAULT

Meursault, de verteller van de roman, is een Fransman die woont en werkt in Algiers. We komen niet veel over hem te weten, behalve dat hij zijn studie heeft opgegeven en zijn beide ouders heeft verloren (zijn vader stierf toen hij heel jong was en hij verneemt de dood van zijn moeder aan het begin van de roman). Hij is mysterieus en lijkt volkomen los te staan van gevoelens, zorgen en zelfs van veel aspecten van zijn eigen bestaan.

De titel van het boek verwijst dan ook rechtstreeks naar Meursault, omdat hij zich een buitenstaander voelt in zowel zijn eigen leven als in de maatschappij en haar conventies. Zijn zintuigen zijn echter scherp: Meursault is een sensueel wezen dat volledig in het heden leeft. Voor hem is het ware geluk te vinden op de momenten dat hij volledig in harmonie is met zijn eigen lichaam (zwemmen, strandbezoek, nachten met Marie, enz.). In zekere zin is Meursault zelfs een gevangene van deze sensualiteit, omdat hij deze niet opzij kan zetten om na te denken over het verleden of de toekomst (hij maakt zich niet druk over trouwen met Marie of gaan werken in Parijs).

Zijn aard verhindert hem zich te conformeren aan de sociale conventies, die in de roman worden bekritiseerd. De begrafenis van zijn moeder en het proces worden bijvoorbeeld gebruikt om aan te tonen hoe absurd de regels van het sociale fatsoen zijn. Meer in het algemeen kan Meursault worden gezien als het archetype van de absurde mens, gevangen in een wereld die geen betekenis heeft en waarover hij geen controle heeft. Hij is niet de baas over zijn eigen lot en zijn ondergang wordt veroorzaakt door een daad die hij beging toen hij zichzelf niet onder controle had. De eenvoudige, onsamenhangende stijl van de roman weerspiegelt Meursaults innerlijke zelf, hoewel de stijl geleidelijk aan meer beheerst wordt, alsof hij in de loop van het verhaal een geweten ontwikkelt.

MARIE CARDONA

Marie Cardona is een aantrekkelijke jonge vrouw die vroeger samenwerkte met Meursault. Als ze elkaar op een zaterdag tijdens het zwemmen toevallig ontmoeten, beginnen ze vrijwel onmiddellijk een sensuele romantische relatie. Marie is het personage bij wie Meursault zijn sensualiteit het best tot uitdrukking kan brengen. Hun uitstapjes naar het strand en de nachten die ze samen doorbrengen zijn voor hem momenten van waar geluk. De band tussen hen is echter puur lichamelijk en zodra het over emoties of toekomstplannen gaat, kunnen ze geen gemeenschappelijke basis vinden: Marie gelooft in liefde en huwelijk, maar dat betekent niets voor Meursault. Toch kiest ze ervoor hem te accepteren zoals hij is ("Na nog een moment van stilte mompelde ze dat ik heel vreemd was, dat ze daarom ongetwijfeld van me hield, maar dat ze me op een dag misschien afstotelijk zou vinden, om dezelfde reden", p. 46).

RAYMOND SINTÈS

Meursaults buurman Raymond zegt winkelier te zijn, maar is eigenlijk een pooier. Hij raakt bevriend met Meursault en deze relatie leidt indirect tot de tragische afloop van de roman. Zijn toenaderingspogingen kunnen worden vergeleken met een verleidingsspel:

- Bij hun eerste ontmoeting benadrukt hij de waarden van kameraadschap en mannelijkheid, waarbij hij een speciale relatie opbouwt met een slimme mix van vleierij ("Ik kon je vertellen dat je het leven begreep", blz. 35) en pronken (zijn verslag van het gevecht waarin hij verzeild raakte, blz. 31-32; zijn verwaandheid bij de politieman, blz. 40).
- Hij vestigt zich als een natuurlijke leider, neemt het initiatief en stuurt Meursaults acties.
- Tijdens gespannen situaties, zoals het gevecht met de twee Arabieren, is hij degene die de bevelen geeft.

Raymond is om twee redenen de oorzaak van Meursaults ongeluk: het is zijn schuld dat Meursault met een pistool tegenover de Arabier komt te staan en later overtuigt zijn getuigenis tijdens het proces de jury van zijn schuld.

DE ARABIEREN

L'étranger werd gepubliceerd in 1942, toen Algerije nog een Franse kolonie was. De roman weerspiegelt de relatie tussen de Franse en Algerijnse gemeenschappen in die tijd, hoewel dit geen centraal thema is. Gedurende de hele roman is het duidelijk dat er een echte kloof bestaat tussen de twee gemeenschappen:

- Hoewel Meursault zich niet openlijk vijandig opstelt tegenover de Arabieren (ze vormen geen uitzondering op zijn gebruikelijke afstandelijke welwillendheid, zelfs niet wanneer hij de moord pleegt), worden ze niet als individuen behandeld en hebben ze geen stem. Ze vormen een aparte gemeenschap, een soort onduidelijke massa.

- Wanneer Marie Meursault komt bezoeken in de gevangenis is de verdeeldheid tussen de gemeenschappen voelbaar. Terwijl de blanken blijven staan en luid praten om te proberen gehoord te worden, blijven de Arabieren gehurkt zitten en praten ze met lagere stemmen ("Hun gedempte gefluister, dat van beneden kwam, creëerde een soort zachte achtergrondmuziek tegen de gesprekken die boven hun hoofden kriskras door elkaar liepen", p. 78).

- Ook het feit dat een Arabier wordt vermoord door een blanke verdiept het conflict tussen de twee gemeenschappen.

ANALYSE

DE ROL VAN HET ABSURDE

L'étranger maakt deel uit van Camus' zogenaamde "Cyclus van het absurde", samen met het essay *De mythe van Sisyphus* en het toneelstuk *Caligula*. Hij gebruikt deze roman om na te denken over het absurde, een thema dat centraal staat in zijn filosofie en zijn schrijven. Voor Camus is het absurde in de eerste plaats een gevoel dat iedereen kan ervaren en dat voortkomt uit het besef dat de wereld onbewogen en volkomen onverschillig is voor menselijke problemen. Welke vragen we ook stellen, welke acties we ook ondernemen of welke beslissingen we ook nemen, de wereld om ons heen zal nooit reageren of antwoorden.

Meursault belichaamt dit gevoel van absurditeit, omdat niets voor hem van belang of betekenis lijkt te zijn behalve zijn zinnelijke ervaringen. Hij is bijna onverschillig voor zijn eigen bestaan, een vreemdeling voor zichzelf, en volgt een moeilijk te begrijpen logica. Zoals hij moeilijk volledig te begrijpen is, zo is ook de roman zelf niet gemakkelijk te interpreteren. Hoewel het thema van het absurde duidelijk centraal staat, is de fundamentele betekenis van de roman onmogelijk vast te stellen en is het verhaal zelf absurd. Het is misschien deze complexiteit die van *L'étranger* zo'n origineel en veel bestudeerd werk maakt, ondanks de soms felle kritiek die het heeft gekregen. Sinds de publicatie in 1942 is het algemeen erkend als een belangrijk fictiewerk en een weerspiegeling van een van de belangrijkste zorgen van die tijd,

namelijk het wantrouwen tegenover taal en tegenover betekenis in het algemeen. Deze elementen zijn met name terug
te vinden in de existentialistische beweging in de filosofie, en
in de Nouveau Roman in de literatuur.

CAMUS EN HET EXISTENTIALISME

De filosofische stroming van het existentialisme ontstond in
de nasleep van de onrust die het begin van de 20e eeuw ken-
merkte. Het richt zich op de menselijke ervaring van het
bestaan en stelt dat mensen de enige wezens zijn die volledig vrij zijn om hun eigen aard te vormen door hun keuzes,
aangezien zij de enige echt zelfbewuste soort zijn. Deze
onbeperkte keuzevrijheid leidt echter tot een gevoel van
angst met betrekking tot de zin van het leven en daarom
staat de kwestie van de zin centraal in existentialistische
werken.

Hoewel Camus aanvankelijk werd geassocieerd met de exis-
tentialisten, met name Jean-Paul Sartre (1905-1980), omdat
hij hun gevoel van angst en zoektocht naar betekenis in een
uiteindelijk onverschillige wereld deelde, nam hij later
afstand van hen en benaderde hij dezelfde kwesties positi-
ever. Zijn werken tonen een absurde wereld, maar worden
niettemin gekenmerkt door een gevoel van hoop en de
overtuiging dat schoonheid, vrede en rechtvaardigheid het
leven zin kunnen geven.

HET THEMA VAN DE ZON

L'étranger speelt zich af in Algerije en de zon staat centraal in
het verhaal. De naam van de hoofdpersoon lijkt op

meurt-soleil, wat Frans is voor "stervende zon". De zon is alomtegenwoordig in de roman, maar speelt een dubbelzinnige rol, want soms is ze een bron van geluk en soms leidt ze tot ongeluk. De beschrijvingen, sensaties en gebeurtenissen waaruit het verhaal bestaat, houden er altijd direct of indirect verband mee.

Aan de positieve kant wordt de zon geassocieerd met de tijd doorgebracht op het strand en zwemmen met Marie.

Aan de negatieve kant:

• De begrafenis van Meursaults moeder vindt plaats onder een brandende zon.

• Tijdens Meursaults proces beweert hij dat hij de Arabier neerschoot vanwege de zon, en de eerdere beschrijving bevestigt dit, aangezien hij die dag moeite had met de zon.

• De rechtszaal waar Meursault's proces plaatsvindt is verstikkend heet.

SOCIALE SATIRE

Dankzij Meursaults afstandelijke blik op de wereld geeft *L'étranger* een krachtige illustratie van de absurditeit van bepaalde sociale conventies. Het gedrag van veel personages wordt enigszins verdwaasd of zelfs kil beschreven, waardoor hun handelingen willekeurig en bijna theatraal blijken te zijn. Het ongewone perspectief van Meursault laat zien hoezeer sociale relaties worden beheerst door conventies die neerkomen op toneelspel of een soort spel.

Het proces is hiervan een treffende illustratie, met name de toespraken voor de verdediging. De aanklager en de verdediger zijn als acteurs – de een met talent, de ander zonder – en toch hangt het lot van Meursault af van het toneelstuk dat zij lijken op te voeren.

Meursault weigert echter standvastig om zich aan deze conventies te houden. In het bijzonder schuwt hij alle schijn en weigert hij te liegen, zelfs als dat zijn zaak zou helpen. Uiteindelijk wordt hij veroordeeld omdat hij op de begrafenis van zijn moeder niet "het spel meespeelt", niet openlijk rouwt om haar dood en geen berouw toont tijdens zijn proces.

MEURSAULT ALS SYMBOOL VAN HOOP

Meursault kan worden gezien als een antiheld die de hoop voor de mensheid vertegenwoordigt. Zoals alle mensen leeft hij in een absurde wereld waar de enige zekerheid de dood is die ons allen wacht: "Al die anderen, ook zij zouden op een dag ter dood veroordeeld worden. Ook hij, ook hij zou ter dood veroordeeld worden" (p. 128). Dit zet ons aan tot nadenken over hoe we op dit besef moeten reageren, wat het ware doel van ons leven is en hoe we gelukkig kunnen zijn als we weten dat we gaan sterven. Deze existentiële vragen doordringen de hele roman en Camus gebruikt zijn schrijven om naar een antwoord daarop toe te werken.

Zoals we al gezien hebben, is Meursault een buitenstaander op verschillende niveaus. Ten eerste is hij een vreemdeling van zijn eigen bestaan, omdat hij zich alleen bekommert om het heden. Bovendien is hij een sociale verschoppeling die weigert de maatschappelijke conventies te respecteren en als persoon verre van bewonderenswaardig is. Camus gebruikt hem echter om te illustreren hoe we hoop en geluk in ons leven kunnen vinden:

- We moeten in het reine komen met het feit dat leven en dood bestaan en dat er geen God is. Net als Meursault, die aan het eind van de roman uithaalt naar de kapelaan, moeten we niet alleen in opstand komen tegen de absurditeit van het leven, maar ook tegen de valse overtuigingen die er zin aan willen geven. Camus geloofde dat er geen leven is na de dood, wat betekent dat het zinloos is om te leven in de hoop dat we in het hiernamaals beloond zullen worden. Dit blijkt uit de reeks vragen die tegen het einde van de roman beginnen met "Wat maakte het uit…" (p. 128).

- Camus geloofde dat de dood zin geeft aan het leven: we voelen ons nu alleen levend omdat we weten dat we ooit zullen sterven. Zoals Meursault verklaart nadat hij ter dood is veroordeeld, rechtvaardigt de dood het leven: "Het voelde alsof ik al die tijd had gewacht op dit moment en deze vroege dageraad waarop ik in het gelijk zou worden gesteld" (p. 127).

- Als we eenmaal in staat zijn volledig en zonder pretenties te leven, kunnen we, net als Meursault, het geluk vinden:

  ○ In harmonie met de natuur en in de eenvoudige sensaties die het leven te bieden heeft.

  ○ Door trouw te blijven aan onze eigen overtuigingen en de conventies en voorwendsels van de maatschappij te verwerpen. Zo kunnen we in vrede leven met onszelf en op die manier geluk vinden. Meursault herinnert ons eraan dat, zelfs als ons lichaam gevangen zit, onze geest volledig vrij is, mits we ons niet laten remmen door externe overtuigingen. Ook al vindt Meursault het geluk op ongewone plaatsen – in de eenzaamheid en in zijn schijnbaar irrationele reactie op zijn terdoodveroordeling – het is echt geluk omdat hij beseft dat hij nog steeds vrij is en de absurditeit van zijn lot heeft overwonnen.

De schijnbare eenvoud van *L'étranger* verhult dan ook zijn filosofische diepgang: de roman onderzoekt de diepgaande vragen die aan ons allen knagen en biedt diepgaande inzichten over de zin van het leven.

EEN EENVOUDIGE SCHRIJFSTIJL

Camus' schrijfstijl in *L'étranger* is om verschillende redenen opmerkelijk:

- Het verhaal is ongestructureerd. De zinnen zijn eenvoudig en relatief kort en de ene volgt op de andere zonder dat er een echt verband tussen de zinnen bestaat. Dit geeft de indruk van een wirwar van feiten en losse observaties, die de verteller met moeite tot een samenhangend verhaal weet te organiseren.

- De taal heeft een uitgesproken mondelinge dimensie. In de oorspronkelijke Franse tekst is het meest duidelijke teken hiervan het gebruik van een grammaticale tijd die doorgaans wordt geassocieerd met gesproken taal (de samengestelde verleden tijd) in plaats van de tijd die meer gebruikelijk is in literaire verhalen (de eenvoudige verleden tijd). Bovendien gebruikt Camus herhaling en een groot aantal relatieve bijzinnen om de spraak van zijn personages na te bootsen: "Eerst vroeg hij me of ik dacht dat ze hem bedrogen had en ik zei ja, dat leek me wel, toen vond hij dat ze gestraft moest worden en wat zou ik doen als ik hem was, dus zei ik hem dat je het nooit zeker kunt weten" (p. 34).

- De toon is koud, afstandelijk en neutraal om de gevoelens van Meursault weer te geven. Het voorkomt ook dat de lezer gehecht raakt aan de personages en dwingt hem de gebeurtenissen van een afstand te bekijken.

- De tijd wordt gedeconstrueerd. Terwijl het verhaal zich in het eerste deel van de roman lijkt te ontvouwen in een reeks opeenvolgende dagen (tijdsaanduidingen als "vandaag", "nu", "gisteren" of "deze week" komen vaak voor en de tegenwoordige tijd wordt soms gebruikt), neemt het tweede deel van de roman een andere tijdsstructuur aan.

In ieder geval is het onmogelijk om met enige zekerheid te zeggen wanneer Meursault zijn verhaal heeft geschreven, aangezien de tijdsindicatoren te vaag en tegenstrijdig zijn om een duidelijk beeld te krijgen. De meest waarschijnlijke theorie is dat hij het schreef of dicteerde in zijn cel, of mogelijk op een ander moment na het einde van het verhaal, en dat de handeling van het vertellen van zijn verhaal hem zijn herinneringen doet herbeleven alsof ze zich in het heden afspelen.

Het is echter belangrijk op te merken dat de stijl van de roman aanzienlijk verandert tussen het eerste en het tweede deel. Naarmate het verhaal vordert, wordt de taal van Meursault steeds meer beheerst en gepolijst, met duidelijker beelden en meer gestructureerde spraak.

Het ontstaan van deze meer verfijnde, lyrische taal is misschien te danken aan het verhaal zelf; door het vertellen van het verhaal leert Meursault zich open te stellen en zijn gedachten en gevoelens te onderzoeken en dit komt tot uiting in zijn schrijven.

VERDERE REFLECTIE

ENKELE VRAGEN OM OVER NA TE DENKEN...

- In het tweede deel van de roman verzet Meursault zich sterk tegen het religieuze discours. Waarom verwerpt hij volgens jou religie en spiritualiteit?

- Meursault weigert zich te conformeren aan sociaal geaccepteerde morele waarden. Leg aan de hand van voorbeelden uit waarom dat zo is.

- Hoe versterkt Camus' schrijfstijl Meursaults vreemdheid, onverschilligheid en eenzaamheid?

- Camus vatte de betekenis van *L'étranger* samen door te zeggen: "In onze maatschappij is elke man die niet huilt op de begrafenis van zijn moeder vatbaar voor de doodstraf." Bespreek.

- Waarom weigert Meursault de sociale conventies te gehoorzamen? Wat is echt belangrijk voor hem?

- In de mythologie staat de zon voor kracht. Is dat ook zo in *L'étranger*? Motiveer je antwoord.

- Ziet Camus Meursault als onschuldig of als verantwoordelijk voor zijn daden? Verdient hij het om aan het eind van zijn proces veroordeeld te worden?

- Hoe zou het volgens jou mogelijk zijn om de eenvoudige, neutrale stijl van de roman over te brengen in een verfilming?

- Net als *L'étranger*, verkent Kafka's roman *The Trial* uit 1925 de thema's van het absurde en het rechtssysteem. Welke overeenkomsten en verschillen kun je ontdekken in de manier waarop de twee romans deze thema's benaderen?

VERDER LEZEN

REFERENTIE-UITGAVE

Camus, A. (2013). *L'étranger*. Trans. Smith, S. Londen: Penguin.

AANPASSING

The Outsider. (1967). [Film]. Luchino Visconti. Dir. Italië: Dino de Laurentiis Cinematografica.

MEER VAN BRIGHTSUMMARIES.COM

Leeswijzer – *De zondeval* door Albert Camus.

Leeswijzer – *De eerste mens* door Albert Camus.

Leeswijzer – *De rechtvaardige moordenaars* door Albert Camus.

Leeswijzer – *De Mythe van Sisyphus* door Albert Camus.

Leeswijzer – *De Pest* door Albert Camus.

We horen graag van jou! Laat
een reactie achter op jouw online bibliotheek
en deel je favoriete boeken op social media!

Waarom kiezen voor Must Read?

Kom alles te weten over een boek met onze beknopte en diepgaande samenvattingen en analyses!

Ontdek het beste uit de literatuur in een compleet nieuw licht!

www.50minutes.com

De uitgever garandeert de betrouwbaarheid van de gepubliceerde informatie, die echter niet onder zijn verantwoordelijkheid valt.

www.50minutes.com

Master ISBN: 9782808687355
Papier ISBN: 9782808698757
Wettelijk depot: D/2023/12603/1155

Omslag: © Primento

Digitaal ontwerp: Primento, de digitale partner van uitgevers.